Une page se tourne

Un nouveau chapitre commence

Une nouvelle histoire s'écrit

 Autobiographie

Je suis une auteure

Elo Sansad

© 2025 Elo Sansad
Édition : BoD · Books on Demand,
31 avenue Saint-Rémy, 57600 Forbach,
bod@bod.fr
Impression : Libri Plureos GmbH,
Friedensallee 273, 22763 Hamburg
(Allemagne)
ISBN : 978-2-3225-1591-2
Dépôt légal : Mai 2025

Synopsis

Je m'appelle Élodie, beaucoup me connaissent sous le pseudonyme d'*Elo Sansad*

San pour Sannier, nom de jeune fille de ma mère

Sad pour Sadargues, mon nom d'épouse

 Synopsis

Je suis née le *10 octobre 1990* à Mont-Saint-Aignan en Normandie

Synopsis

De nature très renfermée sur moi-même

J'ai beaucoup de mal à exprimer ce que je ressens...

J'ai très peu de confiance en moi... Pas du tout même !

 Synopsis

Et la plupart du temps j'en souffre

J'ai toujours fait passer le bien-être de mes proches avant le mien

 ## Synopsis

C'est à l'âge de 14 ans, que j'ai commencé à écrire...

D'abord des mots sans intérêt... Puis ma bulle s'est formée...

 Synopsis

Le 16 avril 2009...
J'écris ma première histoire...

 Synopsis

Le 15 juin 2009...

Je commence ma vie d'adulte...

Je sors de ma bulle et de mon histoire...

 Synopsis

Le 16 juin 2018,
je connais mon premier deuil...

Celui de ma grand-mère...

 Synopsis

Puis... Le 04 septembre 2020...
Mon monde s'effondre à nouveau...

Ma mère succombe à la maladie...

 Synopsis

Le 26 avril 2021... Je reprends l'écriture de mon histoire...

Elle est le reflet de mes émotions... Celles qui m'ont transpercé à vos décès...

 Synopsis

Et la termine le 27 septembre 2021...

Une **_Jolie Mélodie_** de mes émotions... Douloureuse mais aussi... Joyeuse et amoureuse...

Synopsis

Le 15 septembre 2023 :

C'est la naissance de mon premier roman...

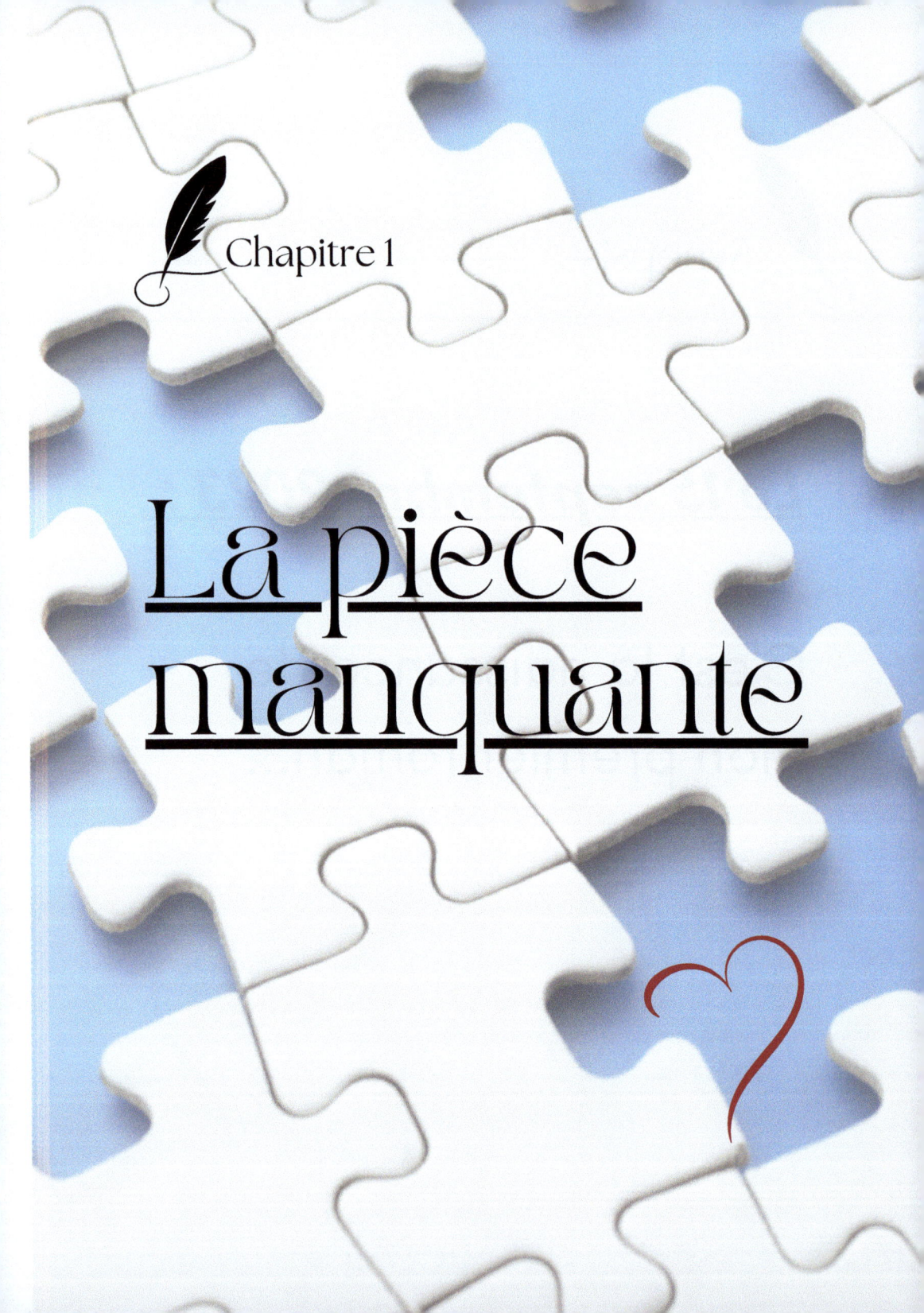

Chapitre 1

La pièce manquante

Chapitre 1 - La pièce manquante

" Comme glacée, la pluie cache son dernier au revoir.
Belle mais ternie par la violence de son passé.

C'était partir ou ne plus respirer.
C'est l'SOS d'une jeune fille en détresse, privée d'âme et d'espoir.

En détresse - Jena Lee.

Chapitre 1 - La pièce manquante

Elle ferme les yeux pour que rien ne la blesse.
Égarée sur le trottoir elle rêve d'une autre histoire, d'un futur sans erreur.

Des mauvaises rencontres, un mauvais choix.
Elle attire même le mal dans ses draps.
Ça l'aide à tenir, de fuir sa raison, salie d'addictions, détachant son corps de toute sensation.

En détresse - Jena Lee.

Chapitre 1 - La pièce manquante

C'est l'SOS d'une jeune fille en détresse, privée d'âme et d'espoir.
Elle ferme les yeux pour que rien ne la blesse.
Égarée sur le trottoir elle rêve d'une autre histoire, d'un futur sans erreur.
À s'infliger le pire pour une vie meilleure.
C'est l'SOS d'une jeune fille en détresse. "

En détresse - Jena Lee.

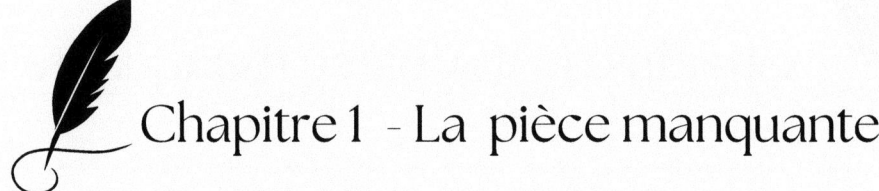

Chapitre 1 - La pièce manquante

Au sein de ma famille, avoir un enfant hors mariage est très mal vu...

L'avortement étant la seule solution irrémédiable possible

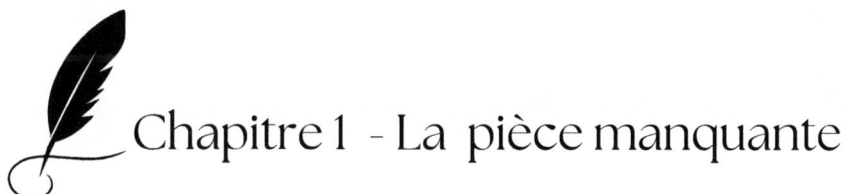# Chapitre 1 - La pièce manquante

Et pourtant...

                Je suis bien là...

En vie...

          Mais sans père...

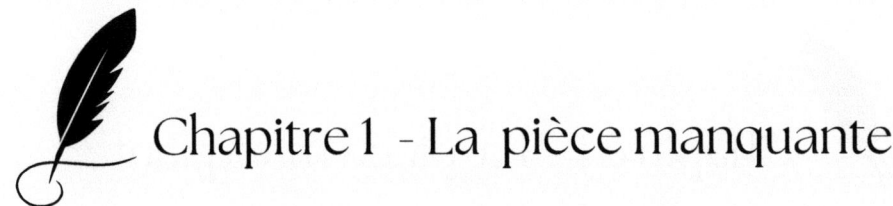

Chapitre 1 - La pièce manquante

Ma famille ne cesse de me dire qu'il m'a abandonnée quand ma mère lui a annoncé sa grossesse...

Sa famille me répète que l'on est sur de rien car ils se sont chevauchés...

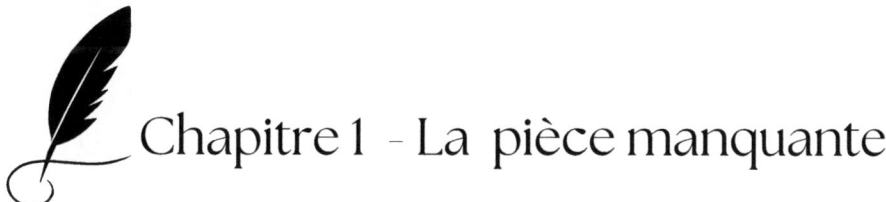
Chapitre 1 - La pièce manquante

Malgré son comportement que beaucoup jugerons inadmissible...

Demandez-vous pourquoi ?
Demandez-vous quelles ont été ses raisons ?

Chapitre 1 - La pièce manquante

" son silence et son manque de confiance en elle ne définissent pas qui elle est...

Ils sont le reflet de son passé, de son vécu... "

Apaiser les maux par des mots

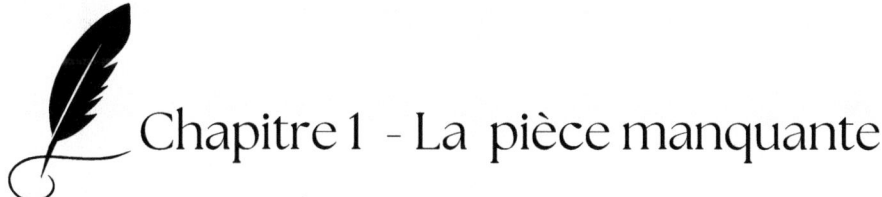

Chapitre 1 - La pièce manquante

Malgré cela, son instinct ne l'a jamais trompé...
Elle a toujours su... Au plus profond d'elle-même...
Que c'était lui...

 Chapitre 2

Histoire d'enfance

 Partie 1 - Dans son ombre

J'ai grandi dans son ombre... Sans se douter qu'il avait une fille... J'étais son secret

Son erreur de jeunesse... Du moins, c'est comme cela que je me suis considérée pendant des années

Partie 1 - Dans son ombre

J'ai continué à grandir... À plusieurs reprises, j'ai souhaité lui dire que j'existais

Que ma mère était persuadée qu'il était mon père biologique... Mais je ne l'ai jamais fait

Partie 1 - Dans son ombre

<< *Est-ce que c'est vraiment ce que tu veux ? Tu tiens vraiment à briser une famille ?* >>

Je me souviens encore de cette phrase que l'on a murmuré à mon oreille

Partie 1 - Dans son ombre

Qu'auriez-vous répondu à ma place ?

Je n'avais que *7 ans*... Ce n'était pas ce que je voulais... J'ai continué de gardé le silence... Tout comme j'ai essayé d'oublier cette partie de mon enfance

Partie 2 - Adolescence à la dérive

J'ai grandi

Je suis devenue une ados

Paumée, à la dérive

Partie 2 - Adolescence à la dérive

À 14 ans, je me suis réfugiée dans l'écriture

Renfermée sur moi-même, solitaire... Dans ma bulle... J'inventais des histoires

Partie 2 - Adolescence à la dérive

À *16 ans*, j'ai fait une mauvaise rencontre

Trop naïve

J'ai cru à de belles paroles...
J'ai mal tourné, comme on dit

# Partie 2 - Adolescence à la dérive

J'ai enchaîné les conneries

    Drogue !

                    Alcool !

J'ai fait beaucoup de mal à mes proches !

Partie 2 - Adolescence à la dérive

<< J'ai 17 ans... Lorsqu'une dispute éclate avec cette mauvaise rencontre... >>

J'ouvre les yeux sur celle que je suis en train de devenir
Je me réveille de ce cauchemar...
Celui qui a bien failli me coûter la vie ce jour-là

Partie 2 - Adolescence à la dérive

Ce jour-là, après avoir récupéré mes affaires, je n'ai pas fait attention à ce que je faisais

Le feu était rouge...

J'ai traversé...

La voiture venait de démarrer...

Partie 2 - Adolescence à la dérive

Une minute d'inattention de ma part

Une leçon que je ne suis pas prête d'oublier bien qu'il y ait eu plus de peur que de mal

Chapitre 3

Ma plus belle influence

Chapitre 3 - Ma plus belle influence

<< Tu resteras ma référence même dans mes silences.
C'est toujours avec toi que j'avance.
Toujours ma référence et je vais mal en ton absence.
Si mes écrits en perdent leur sens c'est que je ne veux pas te perdre. >>

Ma référence - Jena Lee.

Partie 1 - Rencontre à distance

Le *15 juin 2009*, j'ai *18 ans* lorsque je fais la rencontre d'un garçon sur les réseaux sociaux

Skyblog... Pour celles et ceux qui ont connu... À ce moment là, j'étais bénévole pour l'association *Abri de familles* à Rouen

 Partie 1 - Rencontre à distance

Ma famille n'approuve pas cette relation avec quelqu'un qui vit aussi loin

Pour eux notre histoire ne marchera jamais et nous mènera nulle part !

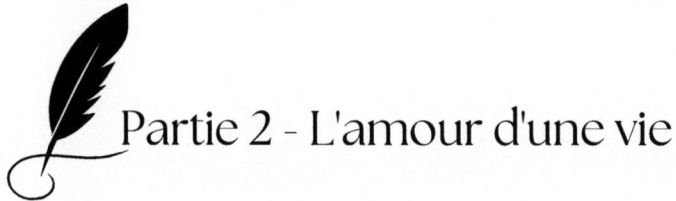

Partie 2 - L'amour d'une vie

Le *12 septembre 2012*, nous partons en vacances dans le sud de la France... C'est ma deuxième rencontre avec sa famille maternelle... De malheureux événements ont fait que je ne suis pas repartie en *Normandie*

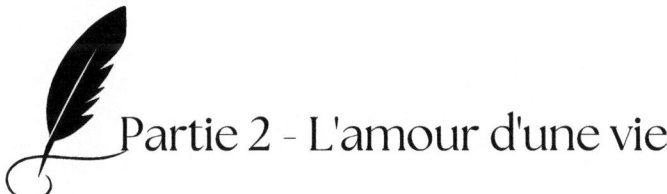
Partie 2 - L'amour d'une vie

Autant vous dire que ça n'a pas réjouit ma famille !

Je suis restée près de lui... Je ne voulais pas être séparée de lui

Partie 2 - L'amour d'une vie

<< *Je suis dépendante de toi, de ton corps et de tes bras.
Ton parfum hante mes nuits solitaires et tristes sans toi à mes côtés.* >>

Apaiser les maux par des mots

Partie 2 - L'amour d'une vie

Le *16 août 2014*, on se dit OUI...
Sans m'y attendre... Ma mère
s'approche discrètement de moi...
Pour m'annoncer que celui qu'elle
pense être mon père biologique est
en train de divorcer

Comment vous dire qu'à ce moment-là, je m'en fichais un peu !

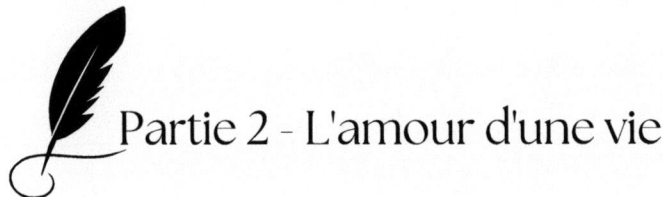
Partie 2 - L'amour d'une vie

Le *15 juin 2024*, nous avons fêté nos *15 ans*

Plutôt incroyable pour une relation à distance qui mènera nulle part !

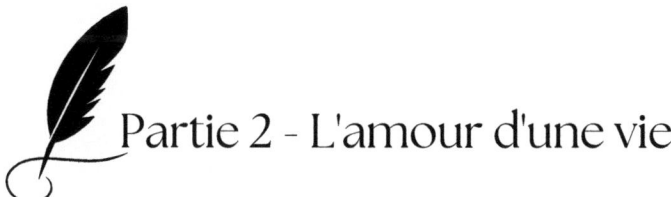 Partie 2 - L'amour d'une vie

Le *16 août 2024* nous avons fêté nos *10 ans de mariage*

Bien que la vie ne nous aient pas toujours gâtée, nous sommes restés unis...

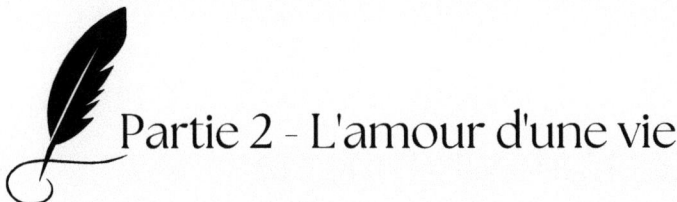

Partie 2 - L'amour d'une vie

Pour le pire et le meilleur

Dans les épreuves comme dans la maladie

Chapitre 4

La maladie

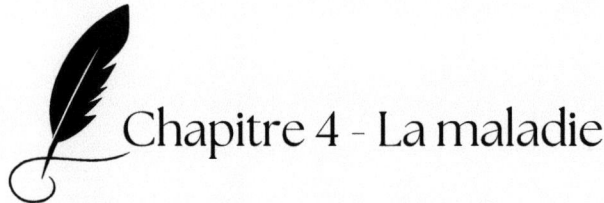

Chapitre 4 - La maladie

*Celle qui nous a enlevé
beaucoup de nos
êtres chers*

Prématurément

 *11 janvier 2016*

Ma belle-mère est la première à succomber à la maladie

Elle n'avait que *50 ans*, pleine de vie... Femme forte de nature, elle n'a rien lâché... Jusqu'à la fin

11 janvier 2016

<< *Je regrette, mais je ne peux pas vous les accorder, ce n'es que votre belle-mère, vous n'avez aucun lien de sang.* >>

Cette phrase est celle de mon directeur de l'époque.
Je l'avais appelé en espérant obtenir quelque jour pour voir ma belle-mère une dernière fois, pour lui dire au revoir...

Etre auprès de mon mari, de ma belle-sœur et de leur proches

11 janvier 2016

N'étant qu'une pièce rapportée, comme me l'on si gentiment dit des "soi-disant amis"

<< Tu n'as rien à faire là-bas ! Tu n'es qu'une pièce rapportée ! >>

Plutôt réconfortant, venant de ses amis !!!

 *29 janvier 2018*

La mère de mon père adoptif laisse la maladie l'emporter

 *16 juin 2018*

La veille au soir, avec ma marraine, à tes côtés, comme tous les soirs... À la seule différence que ce soir-là... Tout s'effondre

<< Si vous voulez lui dire au revoir c'est maintenant. >>

Voilà ce que les pompiers nous ont dit quand ils t'ont emmené

 *16 juin 2018*

Le lendemain, au matin, ma grand-mère n'est plus là... La maladie l'a emportée à son tour

<< *Ce jour-là, commence le début de ma descente aux enfers !* >>

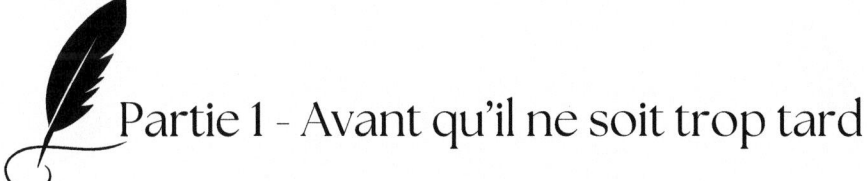

Partie 1 - Avant qu'il ne soit trop tard

Nous sommes le *03 septembre 2020,* lorsque mon père adoptif m'annonce au téléphone que ma mère vient d'être emmenée au *Centre Henri Becquerel* de Rouen

Partie 1 - Avant qu'il ne soit trop tard

Affolée ! Paniquée ! C'est sans réfléchir que nous avons pris la voiture

Je te vois lutter pour survivre Pour respirer, le médecin vient nous avertir :

<< Je n'hésiterais pas à augmenter la dose, si je vois qu'elle souffre de trop ! >>

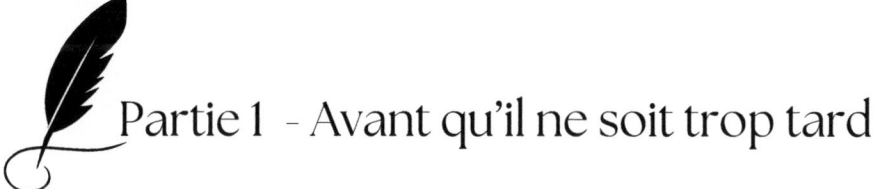

Partie 1 - Avant qu'il ne soit trop tard

Tu as été mise sous morphine et sous hypnovel

Il n'y a plus aucun espoir

Je passe la nuit à tes côtés

Je tourne entre la chambre et le parvis du centre

 *04 septembre 2020*

Au matin, je descend sur le parvis
pour prendre l'air
Je monte pour te retrouver après
avoir bu mon café
Ton état s'est dégradé

*Je n'ai été
absente que
quelques minutes !*

 *04 septembre 2020*

Nous sommes réunis, mon père, mes frères et moi, nous sommes prêts de toi, pour un au revoir.
Ta respiration s'arrête !
Soudainement,
ta sœur, ma marraine, entre dans la chambre au même moment.

04 septembre 2020

Tu es partie

04 septembre 2020

Le cancer

t'a

toi aussi

emporté.

Partie 2 - Pour un dernier au revoir

<< Mais je me sens seul et abandonné sans toi.
Je dois porter le deuil sans jamais baisser les bras.
Mais à quoi bon se battre si je n'ai plus aucune envie.
J'suis qu'un automate au regard vide et sans vie. >>

J'me bats pour toi - Keen'v

Partie 2 - Pour un dernier au revoir

<< Et dans la nuit j'ai prié
pour qu'enfin tu comprennes
combien grande est ma
peine de t'avoir fait pleurer.
Oui dans la nuit j'ai prié pour
qu'un jour que tu reviennes
que la vie nous enchaîne toi
et moi à jamais. >>

Et dans la nuit j'ai prié - Elsa Esnoult

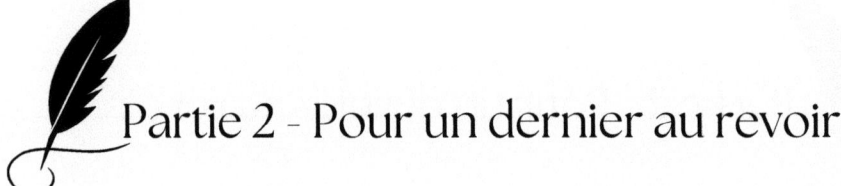

Partie 2 - Pour un dernier au revoir

<< Quoique nous réserve la vie,
je te suivrai, te défendrai, te soutiendrai.
Pour toujours
quelque soient nos choix, nos ennuis, je me battrai, je t'aiderai, je t'aimerai. >>

Pour toujours - Elsa Esnoult

Chapitre 5

Dernier anniversaire

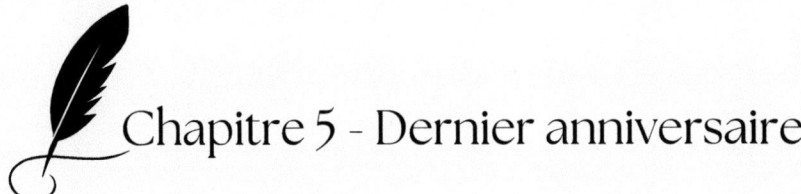

Chapitre 5 - Dernier anniversaire

Un mois que tu nous as quitté
Je pense à ton dernier anniversaire
Celui où nous avions le cœur à la fête

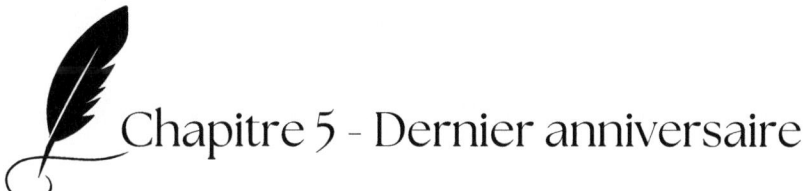

Chapitre 5 - Dernier anniversaire

J'arrive à te faire croire que je ne pourrais pas être présente
J'avance doucement vers la salle des fêtes où tu te trouves
Tu ne te doutes de rien
Tu t'amuses, tu profites de ta soirée

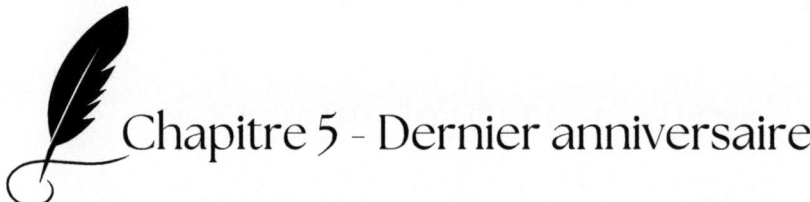

Chapitre 5 - Dernier anniversaire

Je rase les murs pour être sure que tu ne me voies pas arriver. L'une de mes cousine est prête à lancer la musique sur laquelle je fais mon entrée

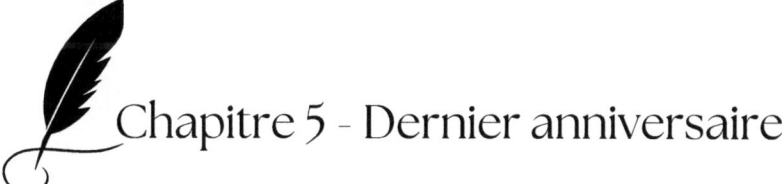
Chapitre 5 - Dernier anniversaire

<< Elle est tout ce que j'ai de plus cher au monde, ma raison d'être, ma raison de vivre, près d'elle je serais jusqu'à la dernière seconde, c'est elle que j'aime, elle est ma vie. >>

Elle - Mélissa M

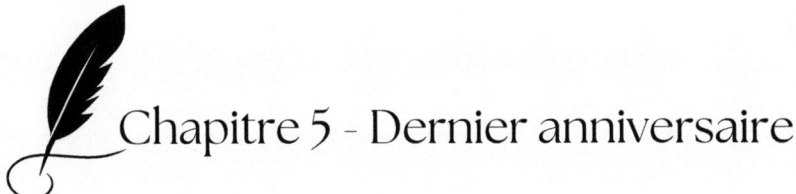

Chapitre 5 - Dernier anniversaire

<< Elle est mon âme, elle est mon cœur, elle est ma flamme, mon bonheur, c'est elle qui ma donné la vie, elle fait partie de moi.
 Elle est mon sang, elle est mes yeux, elle est mon ange le plus précieux. >>

Elle - Mélissa M

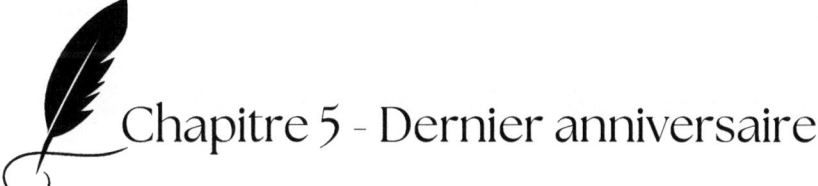# Chapitre 5 - Dernier anniversaire

La surprise est réussie !
Je te serres fort dans mes bras
Sans penser que cela serait le dernier !

Chapitre 6

Soignante le jour

Elodie ♡

ASH

Chapitre 6 - Soignante le jour

Soignante par vocation, j'ai choisi cette voie, pour son côté humain.

Pour aider mon prochain, et parfois, les accompagner jusqu'à la fin.

Comme je l'ai fait pour ma mère et ma grand-mère

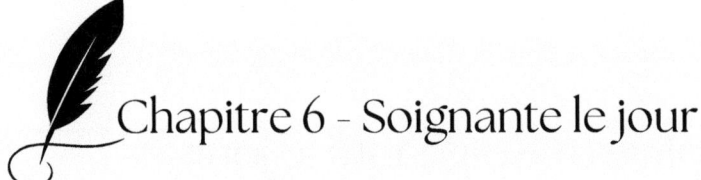
Chapitre 6 - Soignante le jour

Je me souviens encore du premier matin que j'ai fait, en ces temps-là nous étions encore en 7h30.

Je me suis retrouvée à travailler avec un binôme sensationnel, marquée à vie par leur chorégraphie de la danse des canards ! Rien que d'y penser, j'en rigole encore

Chapitre 6 - Soignante le jour

En *janvier 2021*, La *Covid* entre au sein de l'EHPAD
Elle nous a marqué à vie
Elle nous a aussi réunis
Nous étions une équipe unie et solidaire

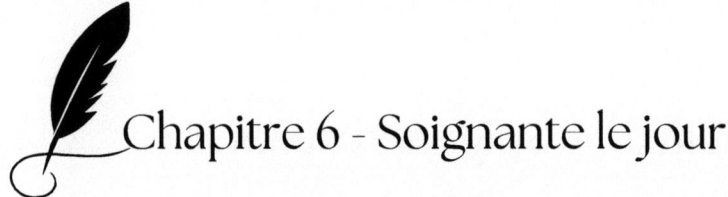

Chapitre 6 - Soignante le jour

Nous sommes tombées les unes après les autres

Nous nous sommes aussi relevées

Non sans conséquences

Mais nous n'avons rien lâché

Chapitre 6 - Soignante le jour

Aujourd'hui, je n'échangerais ma place pour rien au monde

Certes ce n'est pas facile tous les jours

Il y a des hauts et des bas, comme partout

Parfois des conflits, bienvenu dans un monde de fille !

Mais c'est ici que je me sens bien

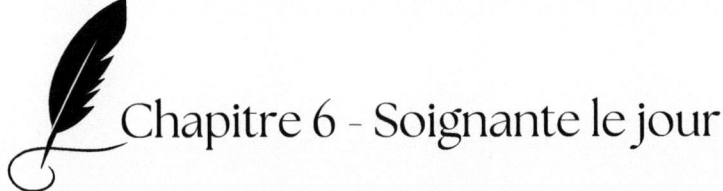

Chapitre 6 - Soignante le jour

Les soirées que nous passons ensembles sont exceptionnelles

On s'amuse, on se détend, on décompresse

Et bon sang qu'est-ce qu'on rigole !

Chapitre 6 - Soignante le jour

Le 01 janvier 2023, je signe mon CDI en même temps qu'une autre collègue arrivée 1 an avant moi

Chapitre 7
Auteure la nuit

# Chapitre 7 - Auteure la nuit

Le *26 avril 2021...* Je reprends l'écriture

Celle de *Jolie Mélodie*

Chapitre 7 - Auteure la nuit

Et la termine le *27 septembre 2021...*

Le *29 mai 2023*, Je prends la décision d'écouter les conseils de mon mari et de ma belle-sœur

J'envoie mon manuscrit à *7 maisons d'éditions*

Chapitre 7 - Auteure la nuit

6 d'entres elles me proposent de publié mon roman

Je n'y crois pas ! Je n'en reviens pas !

Le *12 juin 2023*, Je signe avec la Maison d'édition, *Spinelle*

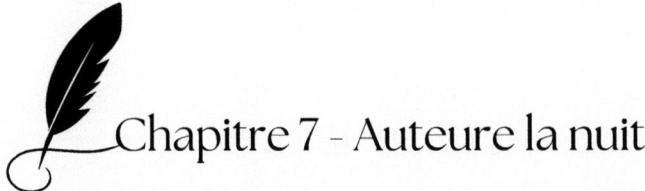

Chapitre 7 - Auteure la nuit

Le *15 septembre 2023*

Date de sortie officielle de mon roman,

Jolie Mélodie

Chapitre 7 - Auteure la nuit

Jolie Mélodie reflète les émotions qui m'ont envahis entre le décès de ma grand-mère et celui de ma mère

Chapitre 7 - Auteure la nuit

Inventer l'histoire de *Mélodie*, ma permis d'exprimer le mal-être que j'ai pu ressentir
Il m'a permis, aussi, de vous faire ressentir l'amour que j'ai pu recevoir et que je reçois, encore aujourd'hui

Chapitre 7 - Auteure la nuit

Dans mon livre,
je vous parles des méandres de la vie

Comme,
l'abandon, les secrets de famille, le deuil, l'amour

Chapitre 8

Des rêves plein la tête

 14 avril 2024

Je suis invitée à participer à ma première bourse aux livres qui a eu lieu à *Forléans* en Bourgogne
Accompagnée par mon mari et ma belle-sœur

 14 avril 2024

Entre rencontres et dédicaces, je vis un pure bonheur, un moment magique

Trois livres vendus ce jour-là, c'est juste incroyable !

 *25 août 2024*

J'accepte l'invitation de la *SAFREP* de *Forléans* à assister au *salon des créateurs*

 *25 août 2024*

Des créateurs, des sculpteurs, des auteurs, entre autres

Des stands plus magnifiques les uns que les autres

La seule chose que nous n'avions pas prévu avec ma belle-sœur, était de rentrer avec des coups de soleil

 *15 septembre 2024*

Présente pour le *4ème salon du livre de Quarré-les-Tombes* en *Bourgogne*
Je rentre dans la cours des grands !
57 auteurs ! Comment vous dire ! La pression se fait sentir !

 08 février 2025

Aujourd'hui je suis présente pour le *24ème salon du livre* de *Chenôve* près de *Dijon*

Un moment inoubliable, partagés avec pas loin de *60 auteurs*

Prochaine rencontre

Pour cette année 2025, j'ai le plaisir d'être invité à la *2ème Bourse aux livre de Forléans* prévu le *13 avril 2025*

Ainsi que le *14 septembre 2025* au *5ème salon du livre de Quarré-les-Tombes*

Le 26 octobre 2025 à Moneteau pour le Festilivres

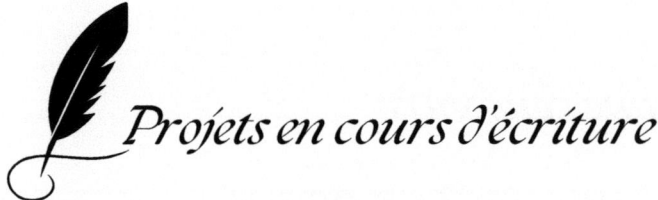 *Projets en cours d'écriture*

L'amour à deux visages

Romance dramatique & psychologique

Auteurs : Elo Sansad & Yan Sadargues

Projets en cours d'écriture - L'amour à deux visages

Elo Sansad

Projets en cours d'écriture - L'amour à deux visages

Bienvenu dans l'histoire où les apparences peuvent se montrer trompeuses.

Projets en cours d'écriture - L'amour à deux visages

Yan Sadargues

Projets en cours d'écriture - L'amour à deux visages

Bienvenu dans l'histoire où l'amour peut être bénéfique comme il peut être toxique.

Mon cœur est à toi !
Romance psychologique

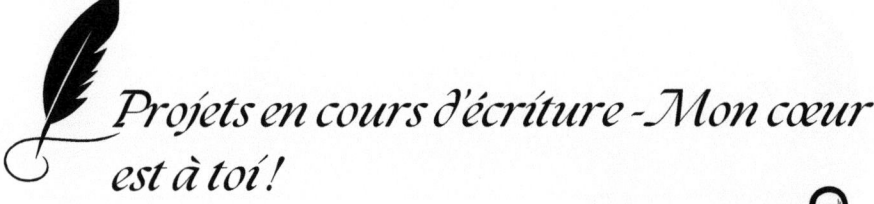

Projets en cours d'écriture - Mon cœur est à toi !

Août 2009

« Le train va entrer en gare voix 4. »

Projets en cours d'écriture - Mon cœur est à toi !

Mélanie est assise sur un banc du quai de la gare rue verte à Rouen rive droite, impatiente de retrouver sa meilleure amie Alison, qui a passé deux semaines dans le sud de la France avec Nathan.

Projets en cours d'écriture - Mon cœur est à toi !

Le train est à l'arrêt, à la recherche d'Alison, elle scrute la foule. Les wagons ainsi que le quai de gare se vident, le train est prêt à repartir.

Projets en cours d'écriture - Mon cœur est à toi !

Mais où est son amie ? A-t-elle manqué son train ? Ou a-t-elle décidé de prolonger ses vacances avec Nathan? Lui est-il arrivée quelque chose ? Tant de questions qui restent sans réponses...

Chapitre 9

Foyer bonheur

 *18 septembre 2024*

Nous sommes à la veille de la signature officielle pour recevoir les clés de notre foyer

Notre chez-nous

 *19 septembre 2024*

J'ai beau me le répéter, je n'y crois toujours pas !
La joie d'agrandir notre famille est à portée

Croisons les doigts

Chapitre 9 - Foyer bonheur

Mon mari et moi ne souhaitons que ça
Nous le désirons depuis, maintenant 10 ans

Fonder notre famille

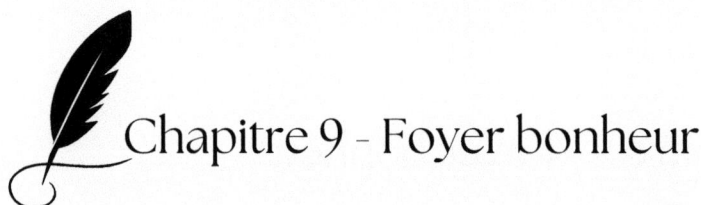
Chapitre 9 - Foyer bonheur

Non que les occasions nous aient manqués
Je n'ai, malheureusement, pas réussi à aller jusqu'au bout de mes grossesses

Chapitre 9 - Foyer bonheur

Maintenant que mon puzzle est assemblé
Le fait de savoir que je n'ai pas été abandonné
Que nous aurons bientôt notre foyer

# Chapitre 9 - Foyer bonheur

Je croise les doigts

Et j'y crois

De tout mon cœur

Chapitre 10

Mon puzzle est assemblé

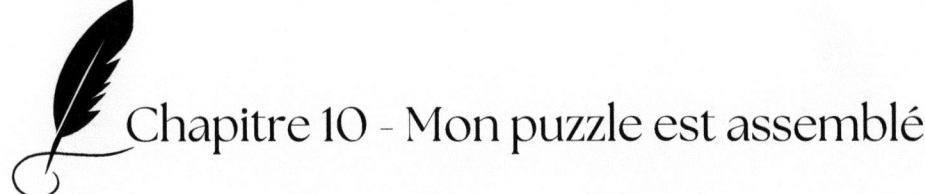

Chapitre 10 - Mon puzzle est assemblé

Le 05 juin 2024, quelque chose d'inespéré se produit

Quelque chose que j'avais enfouis au plus profond de ma mémoire

A refait surface et réveiller des souvenirs

Chapitre 10 - Mon puzzle est assemblé

C'est mon premier contact avec le premier amour de ma mère

Celui dont elle est convaincu, qu'il est mon père biologique

Chapitre 10 - Mon puzzle est assemblé

Au fil des jours et de nos appels téléphoniques, je découvre beaucoup de choses

Des mensonges, des secrets, des vérités cachées

Chapitre 10 - Mon puzzle est assemblé

Le 26 juillet 2024, la vérité éclate !

Le test de paternité est positif !

Ma mère le savait ! Elle n'a jamais douté ! À aucun instant !

Chapitre 10 - Mon puzzle est assemblé

Un nouveau départ... Lié à une nouvelle rencontre...

Celui d'un père qui a ignoré l'existence de sa fille... Avec qui, il a perdu 33 ans...

Chapitre 10 - Mon puzzle est assemblé

Et avec qui, il compte bien
créer des souvenirs...

Puisque rattraper le temps
perdu nous est impossible...

Chapitre 10 - Mon puzzle est assemblé

Parti faire les vendanges pendant la grossesse de ma mère

Il n'a jamais eu connaissance de mon existence

Chapitre 10 - Mon puzzle est assemblé

À son retour, ma mère avait refait sa vie

Mariée à un autre homme le *28 juin 2003*... Ma mère à donné naissance à 4 garçons... *Dimitri* né en *2000*... *Grégory* né en *2002*... *Michel* né en *2005*... *Baptiste* né en *2011*

Chapitre 10 - Mon puzzle est assemblé

Pourquoi ne lui a-t-elle jamais dit ? Alors qu'elle m'a toujours dit, à moi, qu'il était mon père biologique...

Chapitre 10 - Mon puzzle est assemblé

Sa famille a continué à s'occuper de moi, tout en lui cachant qui j'étais... Et aujourd'hui encore, ils veillent sur moi

Chapitre 10 - Mon puzzle est assemblé

Il a fini par refaire sa vie, lui aussi...

Et a eu 4 enfants avec sa nouvelle compagne... 2 filles et 2 garçons... Très souvent, je me suis demandée quelles seraient leurs réactions s'ils venaient à apprendre mon existence...

Mais c'était sans me douter que ce jour allait arrivé

Chapitre 11

L'écriture, ma thérapie

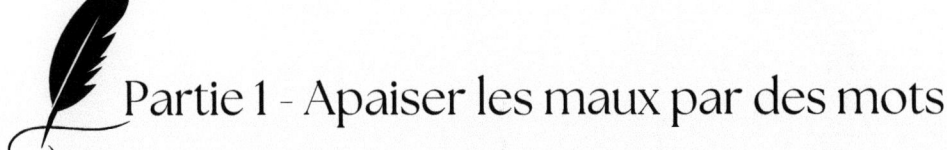

Partie 1 - Apaiser les maux par des mots

Je suis sur l'écriture de mon 2ème roman... Est là, plus rien, je bloque, les mots ne viennent pas

Seules les larmes et cette envie irrésistible de serrer ma mère dans mes bras sont présents

Partie 1 - Apaiser les maux par des mots

La réalité me rattrape
Ma mère n'est plus là
La douleur revient

J'ai mal !
Je souffre !
Je sombre de nouveau !

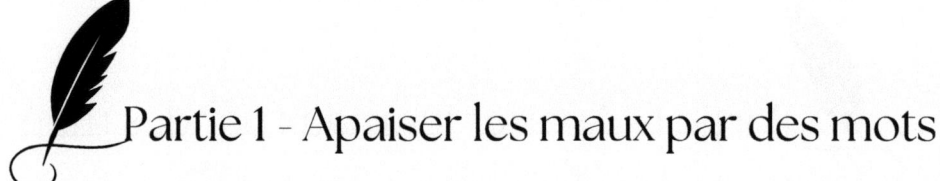

Partie 1 - Apaiser les maux par des mots

Je recommence à écrire le 02 septembre 2024

Deux jours avant la date anniversaire de ta mort

Partie 1 - Apaiser les maux par des mots

Rétablir la vérité me trotte dans la tête depuis déjà plusieurs jours

J'écris encore et encore

<< Est-ce une coïncidence ?
Un besoin de te
rendre hommage ? >>

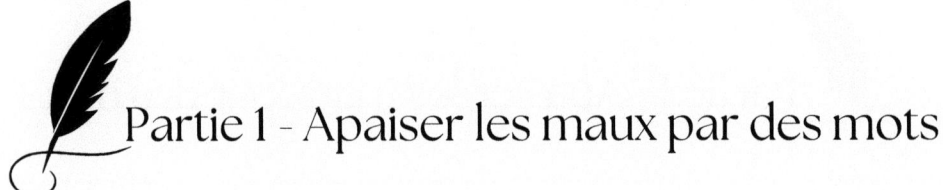

Partie 1 - Apaiser les maux par des mots

Mes émotions sont libérées ! Sans retenue ! Sans avoir peur de blesser certaines personnes ! Ces mêmes personnes qui ont blessé ma mère !

Partie 1 - Apaiser les maux par des mots

Sans aucun scrupule, ni remords, tout est dit !!!

Il n'y a pas de retour en arrière

<< *C'est une véritable confession sans concession !* >>

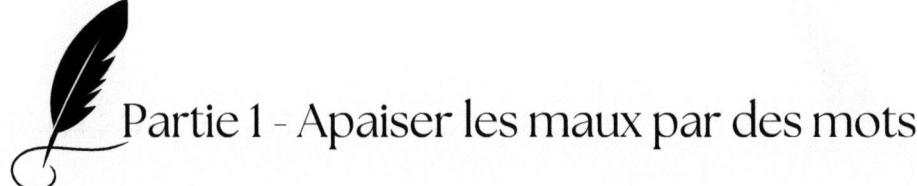

Partie 1 - Apaiser les maux par des mots

le 04 septembre est arrivé, déjà 4 ans que tu nous as quittés

Je suis au plus mal

Je ne pense qu'à toi

Je me renferme

Partie 1 - Apaiser les maux par des mots

Une grande amie que
j'appelle ma *Rose de cœur*
me conseille de faire appel
à ma mémoire,

de penser à tous ces
souvenirs que j'ai eu avec
ma mère,

car c'est tout ce qu'il me
reste,
des souvenirs et de m'y
attacher

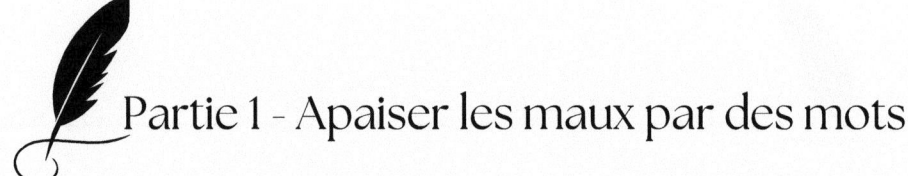

Partie 1 - Apaiser les maux par des mots

<< Essaye de trouver un objet ou quelque chose d'autre que tu auras auprès de toi et quand tu te poseras cette question, regarde l'objet que tu as choisi et là tu sauras qu'elle est là, avec toi. >>

<< Où es-tu maman ? >>

Partie 1 - Apaiser les maux par des mots

Nous sommes le 06 septembre 2024

Depuis la veille, je ne cesse de me demander *où est ma mère ?*

Ce besoin, cette envie de le savoir me hante mais suis-je vraiment prête à connaître la réponse ?

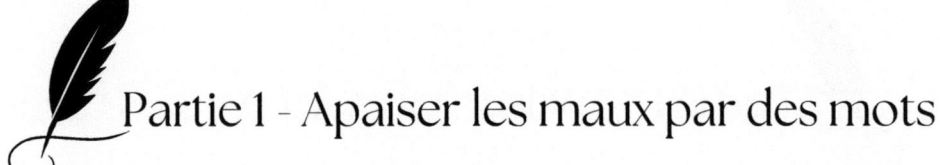 Partie 1 - Apaiser les maux par des mots

Accepter ta mort est très dure mais pourtant nécessaire pour avancer

Suis-je prête à entrer dans cette dernière phase, celle de l'acceptation ?

Suis-je prête à avancer sans toi ?

 Partie 1 - Apaiser les maux par des mots

Quels sont les signes qui nous indiquent que nous sommes prêts à avancer sans eux ?

Chapitre 12

Aller-retour imprévu

Chapitre 12 - Rencontre et retrouvailles

Il est 04h30, le matin du 07 septembre 2024

Mon mari et moi avons pris la route pour un aller-retour imprévu mais nécessaire en Normandie

Chapitre 12 - Rencontre et retrouvailles

Aujourd'hui je réalise ton souhait et rencontre mon père biologique

Chapitre 12 - Rencontre et retrouvailles

Je me recueille sur ta tombe,
mes larmes ne cessent de couler,
impossible de m'arrêter

Je m'effondre et te
demande pardon !

Chapitre 13

Où est ma place !

Partie 1 - Entre deux

Je me retrouve à être la fille aînée de 2 fratries

Au milieu de 2 familles

« Tu as voulu savoir maintenant tu le sais ! C'est toi l'aînée, point ! »

Voilà la réponse du frère de mon père biologique quand je lui ai dit que je ne voulais pas prendre la place de ma demi-sœur

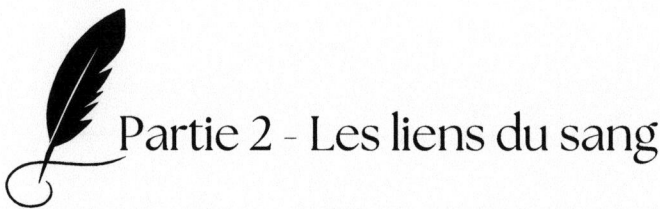

Partie 2 - Les liens du sang

À mes frères,
Nous n'avons pas le même père mais nous avons eu le bonheur d'avoir la même mère

# Partie 2 - Les liens du sang

Nos retrouvailles n'ont durés qu'une journée mais elle m'a permis d'avancer

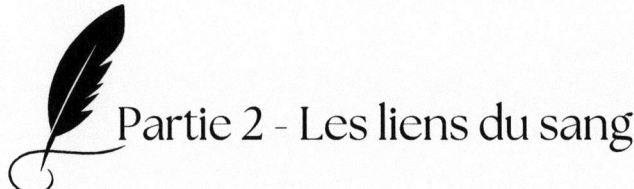
Partie 2 - Les liens du sang

À mes 2 demi-sœurs et mes 2 demi-frères,
vous avez eues cette chance que je n'ai pas eu
grandir aux côtés de notre père

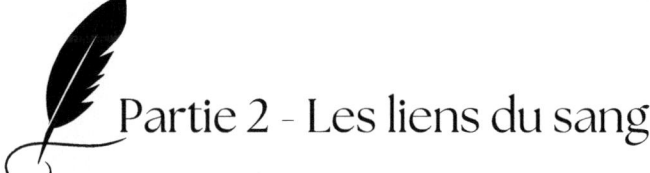

Partie 2 - Les liens du sang

Non pas que j'ai été malheureuse, avec mon beau-père qui prends toujours soin de moi, depuis mes 2 ans

J'ai toujours eu cette envie, ce souhait, ce rêve même de connaître mon père

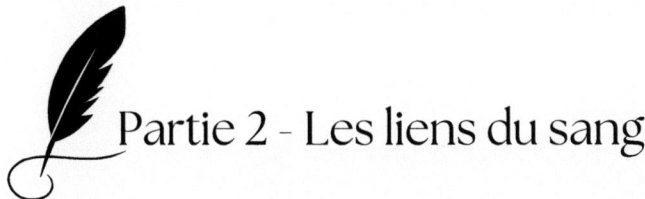

Partie 2 - Les liens du sang

De vous connaître,
je suis restée dans l'ombre beaucoup
trop longtemps pour ne pas briser
votre famille

S'il vous plaît ne m'en voulait pas,
ne me haïssait pas pour ça

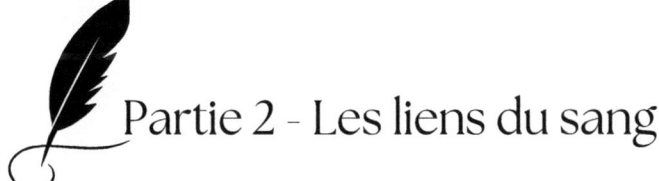

Partie 2 - Les liens du sang

Mais aujourd'hui, je veux juste exister,

S'il vous plaît, je vous demande de me laisser une chance,

Celle d'apprendre à vous connaître et de connaître notre père

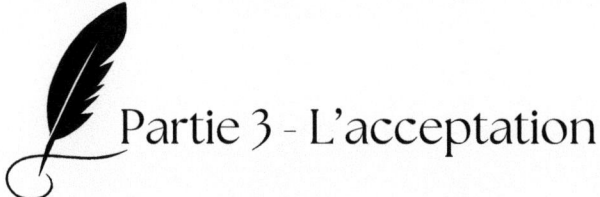

Partie 3 - L'acceptation

Il est 03h42 à notre retour en Bourgogne, le matin du 08 septembre 2024

Sur le trajet, mon mari n'a cessé de me répéter qu'il était fier de moi, de ce que j'avais accompli aujourd'hui

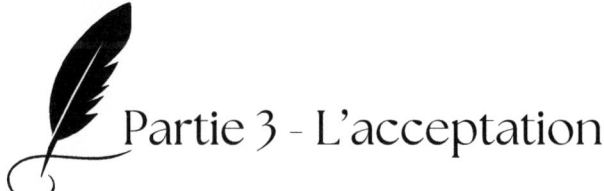

Partie 3 - L'acceptation

La vérité, c'est que j'y suis arrivée parce qu'il était près de moi

il est ma force, sans lui je n'y serais pas arrivée, je n'aurais pas compris que j'étais prête

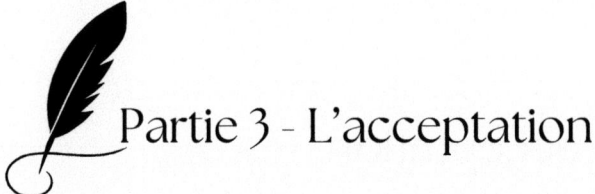

Partie 3 - L'acceptation

Prête à accepter la mort de ma mère

Bien que ton absence soit toujours aussi douloureuse

Je sais que de là-haut, tu veilles sur nous

Épilogue

Hommage

Hommage

Aujourd'hui, je te rends hommage et rétablis la vérité

Je t'aime maman, tu peux enfin reposer en paix

Hommage

De là-haut, je veux que tu saches que je n'oublie pas l'homme qui m'a élevée et qui a partagé ta vie jusqu'à ton dernier souffle

Qui t'a aimée et
qui t'aime encore aujourd'hui

Hommage

Au travers de mes écrits, je veux qu'il sache que même si nous ne partageons pas le même sang

je ne compte pas l'oublier

 Hommage

Bien au contraire, dans mon cœur, il est celui qui m'a vu grandir

Et ça, je ne pourrais jamais l'effacer

 Hommage

Je m'adresse aussi à toutes ces personnes qui ont sali ma mère de son vivant

Critiquée, jugée même ignorée pour ces erreurs de jeunesse

# Hommage

Parce qu'elle a profité de la vie, jusqu'au verdict final

Celui qui nous a annoncé qu'il ne te restait plus longtemps à vivre

 Hommage

C'est à partir de cet instant
que tu es devenue le centre
d'intérêt de tout le monde

Tu étais mourante mais
subitement visible
aux yeux
de tous !

 Hommage

Mon cœur s'est brisé le jour où le tien s'est arrêté

Ton absence est une douleur qui ne me quitte pas

Je ne cesse de penser à toi

Hommage

Ces souvenirs sont une déchirure quand je réalise qu'il n'y en aura plus

Ce manque est une véritable torture chaque jour

Je pense à toi en silence

 Hommage

J'avance, je réalise mes
rêves où dû moins j'essaie

L'écriture est devenu ma
thérapie, mon refuge

Elle reflète
mes émotions

 Hommage

Comme je le cite dans Jolie Mélodie :

« Comme un mur, la mort me sépare de toi, mon amour s'en va te rejoindre où désormais tu m'attends. »

 Hommage

Bien que je n'ai été présente qu'à partir de la veille au soir de ton décès

Le 04 septembre 2020, où j'ai vu ta respiration s'arrêter, brutalement !

Hommage

Des cris !
Des larmes !
Une immense douleur !

Voilà ce dont je
me souviens !

 # Hommage

Tu ne respires plus, tu es partie

« Mais où es-tu maman ? »

Ton corps est pourtant là, devant moi !

 Hommage

Dans le déni, je refusais de croire que tu perdrais la vie

Que la maladie t'emporterait, loin de nous

Hommage

Par lâcheté, pour ne pas affronter la réalité, ni la vérité

« Je sombre, doucement.
Je t'ouvrirais bientôt les bras pour ne plus souffrir.
Pour ne plus avoir mal. »

Apaiser les maux par des mots

 Hommage

Voilà ce que j'ai écris lorsque j'étais au plus mal et que je voulais en finir

En finir avec la vie et retrouver ma mère, la serrer à nouveau dans mes bras

Hommage

En reprenant l'écriture, j'ai libéré mes émotions

J'ai pris conscience dû mal que j'ai fait à mon mari

Qu'il a besoin de moi
comme j'ai besoin
de lui

 Hommage

J'ai continué d'écrire

Le jour comme la nuit

J'ai exprimé toute cette douleur
mais aussi tout cet amour

Je suis une auteure

Remerciements

# Remerciements

Le 15 septembre 2023

Je deviens une auteure, Jolie Mélodie est "née"

Des compliments, des encouragements

Remerciements

Des services presses

Des chroniques

Des salons du livres

Des rencontres et
des dédicaces

Remerciements

« Ma plus belle réussite, c'est mon livre.

Je ne suis peut-être pas une auteure connue mais je suis fière d'être arrivée la où je suis aujourd'hui.

Je réalise l'un de mes rêves, celui d'écrire pour apaiser mes maux par des mots et surtout par passion. »

Apaiser les maux par des mots

Remerciements

À l'heure d'aujourd'hui, **_Jolie Mélodie_** est ma plus belle réussite

Et c'est à mon mari et à ma belle-sœur que je le dois

Grâce à eux, je réalise l'un de mes rêves

 # Remerciements

« Ose rêver. Ose essayer. Ose te tromper. Ose avoir du succès. »

Kingsley Ward

Remerciements

Je ne suis pas guérie, mais je me soigne

Je remonte la pente, tout doucement

Avec l'aide de mes
proches et de
mes ami(e)s

 Remerciements

Les ami(e)s qui d'un seul regard, reconnaissent votre mal-être

Les ami(e)s qui vous aide à vous relever et non à vous laisser sombrer, à vous libérer de cette souffrance, cette douleur qui nous détruit de l'intérieur

C'est ça l'amitié,
la vraie

 # Remerciements

Cette réussite,

ce rêve,

c'est à vous que je le dois

Remerciements

« Beaucoup aime voyager au travers de la lecture.
Moi, c'est au travers de l'écriture que je voyage le mieux. »

Apaiser les maux par des mots

Remerciements

« Votre soutien est pour moi le plus important et me tient à cœur. »

Apaiser les maux par des mots